CD付き

Sprechen wir Deutsch!

Chiko Haneda   Tomomi Kumagai

SANSHUSHA

音声ダウンロード＆ストリーミングサービス（無料）のご案内

http://www.sanshusha.co.jp/onsei/isbn/9784384122848/

本書の音声データは、上記アドレスよりダウンロードおよびストリーミング再生ができます（付属CDと内容は同じです）。ぜひご利用ください。

はじめに

　「ドイツに行ってみたい。簡単でいいから、ドイツ語でドイツ人と話してみたい。でも、ドイツ語ってなんか難しそう」そんな好奇心と不安を抱いている初級ドイツ語学習者のために、本書は編み出されました。そもそもドイツ語は、「簡単に話す」段階に至るまでがたいへんな言語です。名詞だけでも、男性・女性・中性と性別があるし、動詞はたくさん変化するし、1つの単語は長いし。多くの学習者は、複雑な文法の課題と向き合ううちに、「単語を並べるだけでは、ドイツ語は話せないかも」と感じはじめます。コミュニケーションを楽しむ前に、文法学習にさじを投げる人も出てきます。要するにドイツ語は、話し出すまでに多少なりとも準備が必要な言語なのです。

　たいへんなのはわかるけれども、それでもドイツに行って、ドイツ語を話してみてほしい。それが多くのドイツ語の先生たちの願いです。というのも外国語で意思疎通を果たし、異文化を体験することは、とても楽しいことだから。その体験は、「もっと話せるようになりたい」と願うきっかけにつながるから。実際に先生たちも、過去にそのような体験をしてきたからです。それでは短期間のうちに、どうやってドイツ語会話を習得していけばいいのでしょうか。

　限られた学習時間の中で、効率よくドイツ語を話せるようになるために、本書では思い切った取り組みをしました。第一に、短い会話文を構成するための最低限の文法規則をおさえる。第二に、その規則に従って発話練習をこなすという流れです。学習者には、ドイツ語の基本的な会話表現を、集中して聴いてもらいます。そこにどのような文法規則が隠れているのか発見したあと、その規則を応用して、実践的なコミュニケーションにつなげてもらいたいのです。各課の最終ページにある「日常で使う表現」で応用練習をすれば、さらに表現の幅が広がることでしょう。いつでも声に出しながら、話すための訓練を欠かさないでください。そして半年後、1年後には、この本を持ってドイツに行ってほしい。現地の人にドイツ語で話しかけてみてほしいのです。1つの成功体験が、2つめのステップにつながることは間違いなしです。なお本書では、黒猫のモーレがあなたの学習をサポートしています。モーレと一緒に、ドイツ語学習を楽しんでくださいね。Viel Spaß beim Deutschlernen!

2015年春

Inhaltsverzeichnis

Lektion 1　アルファベートと発音　　1
発音の原則　　注意すべき複母音の発音　　注意すべき子音の発音
- Hören　❶ 略語の発音　❷ 発音の比較　❸ 色の名前の発音

Lektion 2　動詞「好きですか？」　　3
- Hören　kommen / wohnen / trinken を聞き分けよう
- Grammatik　❶ 動詞の人称変化　❷ 動詞の位置
- Sprechen　❶ 何が好きですか　❷ 好きですか、嫌いですか　❸ 動詞のまとめ
- ■日常の挨拶表現

Lektion 3　sein と haben「熱があります」　　9
- Hören　sein / haben を聞き分けよう
- Grammatik　❶ 重要な基本動詞　❷ はい、いいえの答え方　❸ nicht の位置
- Sprechen　❶ 疲れています　❷ 熱があります　❸ これはおもしろい
- ■数字・時刻・天候

Lektion 4　名詞「男性？女性？それとも中性？」　　15
- Hören　der / die / das を聞き分けよう
- Grammatik　❶ 名詞の性　❷ 名詞の複数形
- Sprechen　❶ これは何ですか　❷ いくらですか　❸ 誰のですか　❹ 2つください
- ■日常で使う名詞

Lektion 5　助動詞「できますか？」　　21
- Hören　können / müssen / möchte を聞き分けよう
- Grammatik　❶ 重要な話法の助動詞　❷ 助動詞構文
- Sprechen　❶ できますか　❷ したいですか　❸ しなければならないのですか
- ■日常で使う動詞

夏の旅行会話　　27
❶ 空港　❷ 駅　❸ ホテル　❹ レストラン　❺ 軽食スタンド　❻ ショッピング

Lektion 6	名詞の格変化「持っていますか？」	29
	Hören　ein / kein を聞き分けよう	
	Grammatik　❶ 名詞の格変化　❷ 否定文の作り方	
	Sprechen　❶ 持っていますか　❷ お元気ですか　❸ どう思いますか	
	■ ドイツの祝日と祭り	

Lektion 7	前置詞「どこへ？　だれと？」	35
	Hören　in / nach / zu を聞き分けよう	
	Grammatik　❶ 前置詞の格支配　❷ 3・4格支配の前置詞	
	Sprechen　❶ どこへ　❷ 誰と　❸ どうやって	
	■ 手段や場所を表す前置詞	

Lektion 8	不規則動詞「よく行きますか？」	41
	Hören　fahren / essen / lesen を聞き分けよう	
	Grammatik　❶ 不規則動詞　❷ 親しい人に対する命令形	
	Sprechen　❶ 運転はしますか　❷ それをとってください	
	■ ヨーロッパの国・人・言語	

Lektion 9	代名詞「お気に召しましたか？」	47
	Hören　mir / mich を聞き分けよう	
	Grammatik　❶ 人称代名詞　❷ 疑問代名詞	
	Sprechen　❶ 何をあげるのですか　❷ 気に入りました　❸ 彼とは行きません	
	■ Was nehmen Sie? / Schmeckt es Ihnen?　ケーキメニュー	

Lektion 10	現在完了と過去「もう行きましたか？」	53
	Hören　gemacht / gefahren / war を聞き分けよう	
	Grammatik　❶ 現在完了形　❷ 過去分詞の作り方　❸ 過去形	
	Sprechen　❶ どこに行ったのですか　❷ 何を食べたのですか	
	❸ 行ったことはありますか	
	■ 時を表す表現	

文法補足　59

❶ ドイツ語特有の動詞　❷ ドイツ語特有の語順　❸ 格変化表

ドイツ語を話す国々

Lektion 1 アルファベートと発音

発音の原則

1. ほぼローマ字読み
2. アクセントは最初の母音にくる
3. 最初の母音を長く読むか、短く読むかは、次に続く子音の数で決まる

　　　子音が1つだったら _____ 、子音が2つ以上だったら _____ 発音する

A	a	[aː]	**A**men	**A**mpel		P	p	[peː]	**P**apst	**P**latz
B	b	[beː]	**B**oden	**B**ett		Q	q	[kuː]	**q**uer	**Q**uelle
C	c	[tseː]	**C**äsar	**C**ent		R	r	[ɛr]	**R**adio	**R**ock
D	d	[deː]	**D**ame	**d**anke		S	s	[ɛs]	**S**esam	**S**ommer
E	e	[eː]	**E**he	**E**ssen		T	t	[teː]	**T**ag	**T**anz
F	f	[ɛf]	**F**erien	**F**ilm		U	u	[uː]	**U**fer	**U**mwelt
G	g	[geː]	**G**abel	**G**eld		V	v	[faʊ]	**V**ogel	**V**olk
H	h	[haː]	**h**aben	**h**allo		W	w	[veː]	**W**agen	**W**asser
I	i	[iː]	**I**ris	**I**mbiss		X	x	[iks]	**X**afer	**X**anten
J	j	[jɔt]	**J**apan	**J**unge		Y	y	[ypsilɔn]	**Y**oga	**Y**acht
K	k	[kaː]	**K**ino	**K**affee		Z	z	[tsɛt]	**Z**oo	**Z**imt
L	l	[ɛl]	**L**aden	**L**ampe		Ä	ä	[ɛː]	**Ä**gäis	**Ä**rger
M	m	[ɛm]	**M**agen	**M**und		Ö	ö	[øː]	**Ö**ko	**ö**ffnen
N	n	[ɛn]	**N**ame	**N**ummer		Ü	ü	[yː]	**Ü**bung	**ü**ppig
O	o	[oː]	**O**pa	**O**nkel			ß	[ɛs-tsɛt]	Fu**ß**ball	So**ß**e

注意すべき複母音の発音

ei	[ai]	_____	**ei**ns	zw**ei**	dr**ei**
ie	[iː]	_____	v**ie**r	s**ie**ben	
eu	[ɔy]	_____	n**eu**n	**Eu**ro	

注意すべき子音の発音

1. 語末の -b, -d, -g は _____　　hal**b**　　tausen**d**　　Ta**g**
2. 語末の -ig は _____　　zwanz**ig**　　Kön**ig**　　Ludw**ig**
3. h は母音のあとで _____　　ze**h**n　　we**h**　　Ku**h**
4. r は語末だと _____　　Vate**r**　　Mutte**r**　　Bie**r**
5. s は [s] とは限らない　　**S**onne　　**S**port　　**St**raße　　Engli**sch**
6. ch は [x] か [ç]　　a**ch**t　　no**ch**　　Bu**ch**　　au**ch**　　i**ch**　　e**ch**t　　**Ch**ina

Hören

1 略号を発音しましょう。

1. BMW   VW
2. DB   ICE
3. CD   DVD
4. USA   EU

2 発音を比較しましょう。

1. leise   Reise
2. übel   über
3. Bäcker   Wecker
4. hatte   hätte
5. lesen   lösen
6. Riegel   Regel
7. Feuer   Feier
8. wurde   würde
9. lieb   Leib
10. Mächte   möchte

3 何色でしょうか。該当する英語と線で結びましょう。

1. rot   ・white
2. blau   ・black
3. braun   ・brown
4. grün   ・green
5. weiß   ・blue
6. gelb   ・red
7. schwarz   ・yellow

Lektion 2 動詞
「好きですか？」

spielen

machen

Hören

☐ には、どの形が当てはまるかな？

08

kommen?　komme?　kommst?

◆ Hallo, ☐ du aus Japan?
◇ Ja, ich ☐ aus Japan.
　Woher ☐ du?

◆ Entschuldigung, ☐ Sie aus Japan?
◇ Nein, ich ☐ nicht aus Japan.
　Ich ☐ aus China.

◆やあ、日本から来たの？
◇うん、日本からよ。
　君はどこから？

◆すみません、あなたは日本から来られたのでしょうか？
◇いいえ、日本ではありません。中国からです。

09

wohnen?　wohne?　wohnst?

◆ ☐ du hier in Berlin?
◇ Nein, ich ☐ in Potsdam.
　Wo ☐ du?
◆ Ich ☐ hier in Berlin.

◆ ☐ Sie hier in München?
◇ Ja, ich ☐ in München.

◆ここベルリンに住んでるの？
◇いえ、ポツダムよ。
　君はどこに住んでるの？
◆ここベルリンです。

◆ここミュンヘンに住んでいらっしゃるのですか？
◇ええ、ミュンヘンに住んでいます。

trinken?　trinke?　trinkst?

◆ Was _____ du?
◇ Ich _____ Cola.
◆ Was? Du _____ Cola?
　Ich _____ Saft.

◆ Was _____ Sie?
◇ Ich _____ Bier.
　_____ Sie auch Bier?
◆ Nein, ich _____ Kaffee.
　_____ Sie doch auch Kaffee!

◆何を飲む？
◇私はコーラ飲むわ。
◆なんだって？コーラを飲むの？
　ぼくはジュースにするよ。

◆何を飲まれますか？
◇私はビールを飲みます。
　あなたもビールにしますか？
◆いえ、コーヒーを飲みます。
　あなたもコーヒーをお飲みなさいな。

Grammatik

1 動詞の人称変化

ドイツ語の動詞は、主語に合わせて語尾が変化します（**人称変化**）。
変化した形を、**定動詞**といいます。2人称には「君」（親称）と「あなた」（敬称）があります。

trinken「飲む」
不定詞（辞書に載っている形）

trink + **en**
語幹　語尾 （使うときには、語尾が変化）

	単数		複数	
1人称	私は	ich　trink__	私たちは	wir　trink**en**
2人称（親称） 　　　（敬称）	君は あなたは	du　trink__ Sie　trink__	君たちは あなたたちは	ihr　trink**t** Sie　trink**en**
3人称	彼は 彼女は それは	er　trink**t** sie　trink**t** es　trink**t**	彼ら/彼女ら/それらは	sie　trink**en**

2 動詞の位置

定動詞は基本的に_____番目にきます。疑問詞のない疑問文や命令文では_____番目にきます。

平叙文
Ich **trinke** Bier.　　　　　私はビールを飲みます。
Heute **trinke** ich Bier.　　今日、私はビールを飲みます。

疑問文
Was **trinken** Sie gern?　　　あなたは何を飲むのが好きですか？
　Ich **trinke** gern Bier.　　私はビールが好きです。
Trinken Sie gern Wein?　　ワインはお好きですか？
　Ja, ich **trinke** gern Wein.　はい、ワインは好きです。
　Nein, ich **trinke** gern Bier.　いいえ、ビールが好きです。

命令文
Trinken Sie Wein!　　　　　ワインをお飲みなさい。
Trinken Sie bitte Wein!　　どうぞ、ワインを飲んでください。
Trinken Sie bitte nicht Bier!　どうか、ビールを飲まないでください。

Sprechen

 1 イラストを見て、「何をするのが好きか」尋ねましょう。

> Was **spielst** du gern?   Ich **spiele** gern Fußball.

Fußball　　Tennis　　Tischtennis　　Klavier　　Gitarre　　Karten

 2 イラストを見て、「好きか、嫌いか」尋ねましょう。

> **Singst** du gern Karaoke?   Ja, ich **singe** gern Karaoke.
>
> Nein, ich **singe** nicht gern Karaoke.

Musik hören　　telefonieren　　schwimmen　　einkaufen gehen　　spazieren gehen

 3 質問したり、答えたりする練習をしましょう。

wo	どこ	wohnen Sie?
woher	どこから	kommen Sie?
was	何を	spielen Sie gern?
		singen Sie gern?
		trinken Sie gern?

Wein　　Bier　　Wasser　　Kaffee　　Tee　　Orangensaft

日常の挨拶表現

Danke schön!
Bitte schön!

Bitte schön!
Danke schön!

Tschüs!
Auf Wiedersehen!

親しい友人と

◆ Hallo, wie geht's?
◇ Danke, gut. Und dir?
◆ Danke, auch gut.

敬語で話す相手と

◆ Guten Tag, wie geht es Ihnen?
◇ Danke, gut. Und Ihnen?
◆ Danke, auch gut.

Lektion 3 sein と haben
「熱があります」

Das ist...

 toll    schön   schade    schlimm

Ich habe...

 Hunger    Durst    Zeit    Geld

 Kopfschmerzen   Bauchschmerzen   Zahnschmerzen

 Fieber   Husten    Schnupfen

 Angst    Glück    Spaß    Pech

Hören

☐ には、どの形が当てはまるかな？

bist?　bin?

◆ Hallo, ich ☐ Mohrle.
◇ Ich ☐ Mia.
　Freut mich!
　☐ du Student?
◆ Ja, ich ☐ Student. Und du?
◇ Ich auch.

◆やあ、ぼくはモーレ。
◇私はミーア。
　はじめまして！

　君は学生？
◆うん、学生。君は？
◇私も。

ist?　sind?

◆ Entschuldigung, ☐ hier frei?
◇ Ja, bitte schön.
　☐ Sie Japaner?
◆ Ja, ich bin Japaner.
　Ich studiere in Berlin.
◇ Oh, das ☐ schön.

◆すみません、ここ空いてますか？
◇はい、どうぞ。
　日本の方ですか？
◆はい、日本人です。
　ベルリンに留学しています。
◇まあ、すばらしい。

habe?　hast?　haben?

◆ Wie geht es Ihnen?
◇ Danke, leider nicht so gut.
　Ich ☐ Husten.
◆ Was? ☐ Sie auch Fieber?
◇ Ja, und ich ☐ auch Schnupfen.
◆ Das ist schlimm.
　Gute Besserung!

◆ Es ist schon Mittag.
　Ich ☐ Hunger.
　Ich ☐ auch Durst.
　☐ du Geld?
◇ Ja, heute ☐ ich viel Geld.
　Du ☐ Glück.

◆お元気ですか？
◇ありがとう、あまりよくないです。
　咳がでるんです。
◆何だって？熱もあるんですか？
◇ええ、鼻水もでます。
◆それはひどい。
　お大事に。

◆もうお昼だね。
　お腹がすいたな。
　喉も乾いた。
　君、お金もってる？
◇ええ、今日はお金持ちなの。
　君はラッキーね。

Grammatik

1 重要な基本動詞

不規則な変化をする動詞があります。

	sein ～である		haben 持っている	
	単数	複数	単数	複数
1人称	ich _____	wir **sind**	ich _____	wir hab**en**
2人称（親称）（敬称）	du _____ Sie _____	ihr **seid** Sie **sind**	du _____ Sie _____	ihr hab**t** Sie hab**en**
3人称	er/sie/es _____	sie **sind**	er/sie/es **hat**	sie hab**en**

2 はい、いいえの答え方

肯定の疑問文には_____か_____で、否定の疑問文には_____か_____で答えます。

Bist du fertig? 準備できましたか？
 Ja, ich bin schon fertig. はい、もう準備できています。
 Nein, ich bin noch nicht fertig. いいえ、まだ準備できていません。

Bist du noch nicht fertig? まだ準備できていないんですか？
 Nein, ich bin noch nicht fertig. はい、まだ準備できていません。
 Doch, ich bin schon fertig. いいえ、もう準備できています。

3 nicht の位置

否定の nicht は、_____ の直前に置きます。

Sind Sie verheiratet? 結婚していますか？
 Nein, ich bin **nicht** verheiratet. いいえ、していません。
Tanzen Sie gern? ダンスは好きですか？
 Nein, ich tanze **nicht** gern. いいえ、好きではありません。
Spielen Sie heute Tennis? 今日テニスをしますか？
 Nein, Tennis spiele ich **nicht** heute, sondern morgen. いいえ、今日ではなく、明日します。
Spielen Sie mit Laura Tennis? ラウラとテニスをするんですか？
 Nein, Tennis spiele ich **nicht** mit Laura, sondern mit Peter. いいえ、ラウラではなく、ペーターとします。

Sprechen

 1 反対の意味を持つ形容詞を用いて、例にならって答えましょう。

> **Bist** du müde?

> Nein, ich **bin** fit.

fleißig	faul
sportlich	unsportlich
reich	arm
glücklich	unglücklich
aktiv	passiv

 2 9ページのイラストをヒントに、体調の悪さを伝えましょう。

> Wie geht's?

> Danke, leider nicht gut. Ich **habe** Fieber.

 3 例にならって、「はい」と「いいえ」で答えましょう。

> Ist das nicht interessant?

> **Nein,** das ist nicht interessant.

> **Doch,** das ist interessant.

lecker   beliebt   teuer   praktisch   umweltfreundlich

数字・時刻・天候

1. Zählen Sie!

0 null	10 zehn	20 **zwanzig**	30 **drei**β**ig**
1 eins	11 **elf**	21 **ein**und**zwanzig**	40 **vier**z**ig**
2 zwei	12 **zwölf**	22 zweiundzwanzig	50 **fünf**z**ig**
3 drei	13 dreizehn	23 dreiundzwanzig	60 **sech**z**ig**
4 vier	14 vierzehn	24 vierundzwanzig	70 **sieb**z**ig**
5 fünf	15 fünfzehn	25 fünfundzwanzig	80 **acht**z**ig**
6 sechs	16 **sech**zehn	26 sechsundzwanzig	90 **neun**z**ig**
7 sieben	17 **sieb**zehn	27 siebenundzwanzig	100 **hundert**
8 acht	18 achtzehn	28 achtundzwanzig	1000 **tausend**
9 neun	19 neunzehn	29 neunundzwanzig	

2. Wie spät ist es?

12.00	Es ist zwölf.
12.10	Es ist **zehn nach** zwölf.
12.15	Es ist **Viertel nach** zwölf.
12.20	Es ist **zwanzig nach** zwölf.
12.30	Es ist **halb** eins.
12.40	Es ist **zwanzig vor** eins.
12.45	Es ist **Viertel vor** eins.
12.50	Es ist **zehn vor** eins.

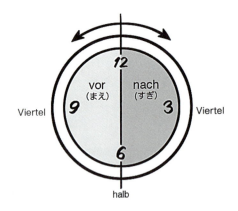

3. Wie ist das Wetter?

Es ist sonnig.（wolkig / bedeckt / windig）	晴れています。（曇りがち／雲り／風のある）
Es ist heiß.（warm / kühl / kalt）	暑いです。（暖かい／涼しい／寒い）
Es regnet.（schneit / blitzt / donnert）	雨です。（雪です／稲妻です／雷です）
Es sind zwanzig Grad.	20℃です。

Lektion 4 名詞
「男性？ 女性？ それとも中性？」

Hören

☐ には、どの形が当てはまるかな？

der?　die?　das?

☐ Mann ist so groß!　　　　　その男性はとても背が高い。
Wer ist ☐ Mann?　　　　　　その男性はだれですか？
Ist er vielleicht Sportler?　　　　ひょっとしてスポーツマン？

☐ Frau ist so nett!　　　　　その女性はとても優しい。
Wer ist ☐ Frau?　　　　　　その女性はだれですか？
Ist sie vielleicht Ärztin?　　　　ひょっとして女医さん？

☐ Mädchen ist so süß!　　　　その女の子はとてもかわいい。
Wer ist ☐ Mädchen?　　　　　その女の子はだれですか？
Ist es vielleicht Sängerin?　　　ひょっとして歌手？

der?　die?　das?

☐ Regenschirm ist so praktisch!　　その傘はとても実用的だね。
Was kostet ☐ Regenschirm?　　　いくら？
Ist er teuer?　　　　　　　　　高いの？

☐ Tasche ist so leicht!　　　　そのかばんはとても軽いね。
Was kostet ☐ Tasche?　　　　いくら？
Ist sie preisgünstig?　　　　　安いの？

☐ Handy ist so modern!　　　　その携帯電話はとても新しいね。
Was kostet ☐ Handy?　　　　いくら？
Ist es kostenlos?　　　　　　無料？

der?　die?　das?

☐ Kater ist so munter! 　　その猫はとても元気だね。
Wie alt ist er? 　　いくつ？

☐ Katze ist so zahm! 　　その猫はとてもおとなしいね。
Wie alt ist sie? 　　いくつ？

☐ Kätzlein ist so klein! 　　その仔猫はとても小さいね。
Wie alt ist es? 　　いくつ？

1 名詞の性

ドイツ語の名詞は、**男性・女性・中性**の性をもっています。
性を表す**定冠詞**（英語 *the*）をつけて、暗記しましょう。

		男性名詞 (*r*)	女性名詞 (*e*)	中性名詞 (*s*)
定冠詞	その（英 *the*）	_____	_____	_____
不定冠詞	1つの（英 *a / an*）	ein	eine	ein
所有冠詞	私の（英 *my*） 君の（英 *your*） あなたの（英 *your*） 彼の（英 *his*） 彼女の（英 *her*）	mein dein Ihr sein ihr	meine deine Ihre seine ihre	mein dein Ihr sein ihr

男性名詞		女性名詞		中性名詞	
Mann	男	Frau	女	Kind	子供
Vater	父	Mutter	母	Baby	赤ちゃん
Bruder	兄	Schwester	姉	Mädchen	少女
Kater	雄猫	Katze	雌猫	Kätzlein	仔猫
Japaner	日本人	Japanerin	日本人	Japan	日本
Lehrer	先生	Lehrerin	先生	Lehrbuch	教科書
Tisch	机	Tasche	かばん	Auto	車

2 名詞の複数形

複数形は次のタイプに分かれます。ひとつひとつ辞書で確認しましょう。

	辞書の表記	単数形	複数形
①同尾（無語尾）型	男 ―s / ― 男 ―s / ― ̈	der Lehrer der Bruder	die Lehrer die _____
② e 型	男 ―es / ―e 女 ― / ― ̈e	der Hund die Hand	die _____ die H**ä**nd**e**
③ er 型	中 ―es / ―er 中 ―es / ― ̈er	das Kind das Buch	die Kind**er** die _____
④ (e)n 型	女 ― / ―n 女 ― / ―en	die Katze die Frau	die _____ die Frau**en**
⑤ s 型	中 ―s / ―s	das Auto	die Auto**s**
⑥男性弱変化名詞	男 ―en / ―en	der Student	die Student**en**

Sprechen

1 これは何ですか？　イラストを見て、ドイツ語で答えましょう。

Was ist das?　　Das ist **ein** Regenschirm.

r Regenschirm 8,00 €　　r Kugelschreiber 2,00 €　　e Uhr 20,00 €　　s Buch 5,00 €　　r Geldbeutel 12,00 €　　e Tasche 10,00 €　　s Handy 15,00 €

2 いくらですか？　上のイラストを見て、ドイツ語で尋ねましょう。

Was kostet **der** Regenschirm?　　**Der** Regenschirm kostet 8.00 Euro.

3 誰のですか？　上のイラストを見て、ドイツ語で尋ねましょう。

Ist das Pauls Regenschirm?　　Nein, das ist nicht **sein** Regenschirm. Das ist **mein** Regenschirm.

Ist das Julias _____?
Ist das Franks _____?
Ist das dein____ _____?
Ist das mein____ _____?

4 ①のイラストの名詞を、複数購入しましょう。

Zwei Regenschirme bitte!
Drei _____ bitte!
Vier _____ bitte!
Fünf _____ bitte!
Sechs _____ bitte!
Sieben _____ bitte!
Zehn _____ bitte!

日常で使う名詞

試してみたいドイツの味

das Brot	パン
das Brötchen	ブレートヒェン
die Brezel	ブレーツェル
die Wurst	ソーセージ
die Weißwurst	(茹でた) 白ソーセージ
die Bratwurst	焼きソーセージ
das Bier	ビール
das Pils	ピスルナー
das Weizenbier	小麦のビール
das Radler	ビールのレモネード割
der Wein	ワイン
die Weinschorle	ワインの炭酸割

喫茶店に入ったら

der Kaffee	コーヒー
der Tee	紅茶
die Milch	ミルク
der Saft	ジュース
der Apfelsaft	リンゴジュース
die Apfelschorle	リンゴソーダ
die Cola	コーラ
das Spezi	コーラのレモネード割
das Wasser	水
das Eis	アイスクリーム
der Eiskaffee	コーヒーフロート
der Kuchen	ケーキ

身につけるものは

die Unterwäsche	下着
der Schlafanzug	パジャマ
die Socken	ソックス
die Schuhe	靴
die Jacke	ジャケット
die Strickjacke	カーディガン
der Pullover	セーター
der Mantel	コート
das Hemd	シャツ
das T-Shirt	Tシャツ
der Rock	スカート
die Hose	ズボン
die Jeans	ジーンズ
die Mütze	帽子
die Handschuhe	手袋
der Schal	マフラー

持ち歩くものは

die Uhr	時計
der Rucksack	リュックサック
die Tasche	カバン
der Geldbeutel	財布
das Heft	ノート
das Lehrbuch	教科書
das Notizbuch	手帳
das Federmäppchen	ペンケース
der Kugelschreiber	ボールペン
die Kamera	カメラ
das Wörterbuch	辞書
die Kreditkarte	クレジットカード
der Reisepass	パスポート
der Schlüssel	鍵
das Handy	携帯電話
das Taschentuch	ハンカチ

Lektion 5 助動詞
「できますか？」

どんなメッセージが書かれているのでしょうか？

ⓐ Plakatieren verboten
ⓑ Notausgang
ⓒ Ausgang
ⓓ Stammtisch
ⓔ Urlaubsmünzen
ⓕ Vögel Füttern verboten
ⓖ Restmüll / Papier
ⓗ Kleider & Schuhe
ⓘ Hunde an die Leine
ⓙ Pfand zurück

◆ 鳥に餌やり禁止　◆ 古着 / 靴
◆ 非常出口　　　　◆ 犬はリードに
◆ 常連席　　　　　◆ 休暇で余ったコイン
◆ 出口　　　　　　◆ 貼り紙禁止
◆ 残りのごみ / 紙　◆ ボトル代返金

Hören

☐ には、どの形が当てはまるかな？

können? kann? kannst?

◆ Mia, ☐ du schwimmen?
◇ Ja, ich ☐ sehr gut schwimmen. Und du?
◆ Na ja, ich ☐ nicht so gut schwimmen, nur 50 Meter oder so.

◆ Frau Fischer, ☐ Sie schwimmen?
◇ Nein, ich ☐ nicht schwimmen. Ich habe Angst vor Wasser.

◆ミーア、泳げる？
◇ええ、すごく得意よ。君は？

◆そうだな、そんなに泳げない。50 メートルくらいかな。

◆フィッシャーさん、泳げますか？
◇いいえ、泳げません。水が怖いのよ。

müssen? muss? musst?

◆ Du ☐ schon nach Hause.
◇ Nein, ich ☐ noch hier bleiben. Ich warte auf Thomas.

◆ Sie ☐ hier bleiben.
◇ Aber ich ☐ schon gehen. Ich bin beschäftigt.

◆君はもう帰宅しなくては。
◇いえ、まだ残っていなければいけません。トーマスを待っているの。

◆あなたは残っていなければいけませんよ。
◇でももう行かなくては。私は忙しいの。

möchte? möchtest? möchten?

◆ Entschuldigung, wir ☐ die Speisekarte.

● Moment, bitte.

◆ Was ☐ du essen?

◇ Ich ☐ Eisbein probieren.

● Was ☐ Sie trinken?

◆ Ich ☐ bitte Berliner Weiße.

● Kommt sofort.

◆ すみません、私たちはメニューを頂きたいのですが。

● お待ちください。

◆ 君は何が食べたい？

◇ アイスバインを試してみたいわ。

● 何を飲まれますか？

◆ 私はベルリーナーヴァイセをお願いします。

● すぐにお持ちします。

Grammatik

1 重要な話法の助動詞

動詞に一定のニュアンスをプラスする動詞を**話法の助動詞**といいます。

	können (〜できる)	müssen (〜なければならない)	möchte (〜したい)
ich (私は)	_____	_____	_____
du (君は) / Sie (あなたは)	_____	_____	_____
er (彼は) / sie (彼女は) / es (それは)	kann	muss	möchte
wir (私たちは)	könn**en**	müss**en**	_____
ihr (君たちは)	könn**t**	müss**t**	möchte**t**
sie (彼らは)	könn**en**	müss**en**	möchte**n**

2 助動詞構文

人称変化するのは助動詞だけで、本動詞は不定詞の形で_____に置かれます。

Ich spreche nicht so gut Deutsch. 　　　　私はドイツ語がそんなにうまくない。

→ **Ich kann** nicht so gut Deutsch **sprechen**. 　　私はドイツ語がそんなにうまく話せない。
　　助動詞　　　　　　　　　　　本動詞

Ich gehe jetzt nach Hause. 　　　　私は今から帰宅します。

→ **Ich muss** jetzt nach Hause **gehen**. 　　私は今から帰宅しなければいけません。

Fahren Sie nach Europa? 　　　　あなたはヨーロッパへ行きますか？

→ **Möchten** Sie nach Europa **fahren**? 　　あなたはヨーロッパへ行きたいですか？

Sprechen

 ❶ イラストを見て、「できるかどうか」尋ねましょう。

Kannst du singen? Ja, ich **kann** gut singen.

Nein, ich **kann** nicht singen.

kochen　　Kuchen backen　　Auto fahren　　Musik machen　　Manga zeichnen

 ❷ 上のイラストを見て、「したいかどうか」尋ねましょう。

Möchtest du singen? Ja, ich **möchte** singen.

Nein, ich **möchte** lieber tanzen.

 ❸ 「何をしなければならないか」尋ねましょう。

Was **müssen** Sie jetzt machen? Jetzt **muss** ich Deutsch lernen.

das Zimmer putzen　　Wäsche waschen　　Diät machen

E-Mails schreiben　　Geld abheben

Lektion 5　助動詞　25

日常で使う動詞

旅先で

fliegen	飛行機で飛ぶ
umsteigen	乗り換える
abholen	迎えに行く
wechseln	両替する
buchen	予約する
verlieren	失う
schicken	送る
bringen	持ってくる
benutzen	使う
übernachten	泊まる
unterschreiben	署名する
bestellen	注文する
besichtigen	見物する
brauchen	必要とする
zeigen	（道を）指し示す

生活で

wecken	起こす
frühstücken	朝食をとる
essen	食べる
trinken	飲む
schneiden	切る
grillen	焼く
braten	炒める
sauber machen	きれいにする
waschen	洗う
spülen	すすぐ
wegwerfen	捨てる
sparen	節約する
duschen	シャワーを浴びる
reparieren	修理する
fernsehen	テレビを見る

コミュニケーション

kennen	知っている
kennenlernen	知り合いになる
glauben	思う
sagen	言う
sprechen	話す
hören	聞く
schreiben	書く
anrufen	電話をかける
telefonieren	電話で話す
chatten	チャットする
twittern	ツイッターする
Bescheid sagen	知らせる
erklären	説明する
verstehen	理解する

反対語

beginnen ↔ enden	始まる↔終わる
geben ↔ bekommen	与える↔もらう
kaufen ↔ verkaufen	買う↔売る
drücken ↔ ziehen	押す↔引く
öffnen ↔ schließen	開ける↔閉める
einschalten ↔ ausschalten	点ける↔消す
abfahren ↔ ankommen	出発する↔到着する
leihen ↔ zurückgeben	借りる↔返す
mieten ↔ vermieten	賃貸する↔賃借する
einsteigen ↔ aussteigen	乗る↔降りる
aufstehen ↔ ins Bett gehen	起きる↔寝る
anziehen ↔ ausziehen	着る↔脱ぐ
mitbringen ↔ mitnehmen	持ってくる↔持って行く
weinen ↔ lachen	泣く↔笑う

夏の旅行会話

1 空港

飛行機を降りたら、乗客の流れにそって、入国審査やスーツケースの受け取りを済ませます。そして、目的の都市へと移動を開始しましょう。

Entschuldigung.	すみません。
Wo ist die Toilette?	トイレはどこですか？
Wo ist der Ausgang?	出口はどこですか？
Wo ist der Bahnhof?	駅はどこですか？
Darf ich?	いいですか？
Das ist nett.	ご親切に。
Nein, danke.	いいえ、結構です。
Ja, bitte.	はい、お願いします。
Ich weiß nicht.	わかりません。

2 駅

電車の乗車券は、窓口か自動券売機で購入します。窓口で買うと、少し割高になるので、自動券売機で買ってみましょう。機械での手順がわからなければ、窓口でチャレンジしてみましょう。

Ich möchte nach Regensburg.	レーゲンスブルクに行きたいんです。
Einfach, bitte.	片道でお願いします。
Hin und zurück, bitte.	往復でお願いします。
Zweiter Klasse, bitte.	2等席でお願いします。

3 ホテル

受付で挨拶し、はっきりと自分の名字を名乗りましょう。ドイツのビルは、1階（EG）、2階（1）、3階（2）と表記するので、206号室は実質的に3階になります。ご注意を。

Ich möchte einchecken.	チェックインしたいのですが。
Ich möchte einen Stadtplan.	地図がほしいんですが。
Gibt es hier einen Supermarkt?	ここにスーパーはありますか？
Zimmer 206, bitte.	206号室（の鍵）をお願いします。
Ich möchte abreisen.	チェックアウトしたいのですが。

4 レストラン

入店したら人数を告げて、席に着きましょう。注文をききに来た人が担当者。食後は席についたまま、その人に代金を支払います。チップも多少つけて。

Eine Person.	1名です。
Zwei Personen.	2名（複数）です。
Die Speisekarte, bitte.	メニューをお願いします。
Einmal Weißwein, bitte.	白ワインを1つ、お願いします。
Einmal Schnitzel, bitte.	カツレツを1つ、お願いします。
Es schmeckt gut.	おいしいです。
Zahlen, bitte.	支払いをお願いします。
Mit Kreditkarte, bitte.	クレジットカードでお願いします。
Ich zahle bar.	現金で支払います。
20 Euro. Stimmt so.	20ユーロ。おつりはいりません。

5 軽食スタンド

ソーセージ、ドネルケバブ、アイスクリーム、野外の軽食もドイツの魅力です。

Einmal Döner, bitte.	ドネルケバブを1つお願いします。
Einmal Currywurst, bitte.	カレーソーセージを1つお願いします。
Mit Pommes / Brot.	ポテト／パンをつけて。
Eine Kugel Eis, bitte.	アイスクリームを1つお願いします。
In der Waffel / Im Becher.	コーン／カップで。
Zum Mitnehmen. / To go.	お持ち帰りで。
Hier essen.	ここで食べます。

6 ショッピング

無言でお店に入って、商品を勝手に手にとらないようにしましょう。お店に入ったら、必ず挨拶をするようにしましょう。

Ich schaue nur.	見ているだけです。
Haben Sie _____ ?	_____ はありますか？
Ich hätte gern _____ .	_____ を頂きたい。
Das nehme ich.	これにします。
Was kostet das?	これはいくらですか？
Eine Tüte, bitte.	袋を1枚、お願いします。
Ich komme wieder.	また来ます。
Kann jemand Japanisch sprechen?	誰か日本語を話せますか？

Lektion 6 名詞の格変化
「持っていますか？」

スーパーには、どんな商品があるのでしょうか？

ⓐ Tee
ⓑ Käse
ⓒ Nudeln
ⓓ Sushi
ⓔ Spülmittel
ⓕ Bionade

◆ 洗剤
◆ 麺類
◆ 茶
◆ 寿司
◆ ビオナーデ
◆ チーズ

Hören

☐　には、どの形が当てはまるかな？

🎧55　einen?　keinen?

◆ Herr Weihnachtsmann, haben Sie ☐ Roboter?
◇ Nein, leider habe ich ☐ Roboter. Aber ☐ Teddybären.

◆ Christkind, hast du ☐ Rucksack?
◇ Nein, leider habe ich ☐ Rucksack. Aber ☐ Geldbeutel.

◆サンタさん、ロボットありますか？
◇残念だが、ロボットはない。テディベアならあるが。

◆幼子キリスト、リュックはある？
◇残念だけど、リュックはない。財布ならあるけど。

🎧56　eine?　keine?

◆ Herr Weihnachtsmann, haben Sie ☐ Modellbahn?
◇ Nein, leider habe ich ☐ Modellbahn. Aber ☐ Spardose.

◆ Christkind, hast du ☐ Halskette?
◇ Nein, leider habe ich ☐ Halskette. Aber ☐ Puppe.

◆サンタさん、模型の電車はありますか？
◇残念だが、電車はない。貯金箱ならあるが。

◆幼子キリスト、ネックレスはある？
◇残念だけど、ネックレスはない。人形ならあるけど。

ein?　kein?

◆ Herr Weihnachtsmann, haben Sie _____ Videospiel?

◇ Nein, leider habe ich _____ Videospiel. Aber _____ Brettspiel.

◆ Christkind, hast du _____ Skateboard?

◇ Nein, leider habe ich _____ Skateboard. Aber _____ Puzzle.

◆ サンタさん、テレビゲームはある？

◇ 残念だが、テレビゲームはない。ボードゲームならあるが。

◆ 幼子キリスト、スケートボードはある？

◇ 残念だけど、スケートボードはない。パズルならあるけど。

Grammatik

1 名詞の格変化

ドイツ語の名詞は、男性・女性・中性の性をもっていました。（→ Lektion 4）
性別をみわける**冠詞**は、文の中で使うときに、**格変化**します。
「〜を」を表す格は **4格**といい、「〜に」を表す格は **3格**といいます。

4格	単数		
	男性名詞	女性名詞	中性名詞
その ___ を	de**n** Mann	di**e** Frau	das Kind
１つの ___ を			
１つの ___ もない			
私の ___ を	mei**n**e**n**	mei**n**e	mei**n**
君の ___ を	dei**n**e**n**	dei**n**e	dei**n**
あなたの ___ を	Ihr**e**n	Ihr**e**	Ihr
彼の ___ を	sei**n**e**n**	sei**n**e	sei**n**
彼女の ___ を	ihr**e**n	ihr**e**	ihr

3格	単数		
	男性名詞	女性名詞	中性名詞
その ___ に	de**m** Mann	de**r** Frau	de**m** Kind
１つの ___ に	eine**m**	eine**r**	eine**m**
１つの ___ もない	keine**m**	keine**r**	keine**m**
私の ___ に	meine**m**	meine**r**	meine**m**
君の ___ に	deine**m**	deine**r**	deine**m**
あなたの ___ に	Ihre**m**	Ihre**r**	Ihre**m**
彼の ___ に	seine**m**	seine**r**	seine**m**
彼女の ___ に	ihre**m**	ihre**r**	ihre**m**

2 否定文の作り方

名詞を否定するときには_____を、それ以外を否定するときにはnichtを使います。

Hast du ein Motorrad?　　　　　　　　　　　バイクを持ってるかい？
　Nein, ich habe **kein** Motorrad.　　　　　　バイクを持っていない。
　Ich fahre **nicht** gern Motorrad.　　　　　　ぼくはバイクが嫌いなんだ。
Ist das dein Fahrrad?　　　　　　　　　　　これが君の自転車かい？
　Nein, das ist **nicht** mein Fahrrad.　　　　　いや、これはぼくの自転車ではない。
Hast du Zeit?　　　　　　　　　　　　　　　時間あるかい？
　Nein, ich habe **keine** Zeit.　　　　　　　　いや、時間はないよ。

Sprechen

 ① イラストを見て、「持っているかどうか」尋ねましょう。

Hast du **einen** Computer?

Ja, ich habe **einen** Computer.

Nein, ich habe **keinen** Computer.

r MP3-Spieler   *r* USB-Stick   *e* Handtasche   *e* Digitalkamera   *s* Feuerzeug   *s* Handtuch

 ② 15 ページのイラストを見て、「お元気ですか」と尋ねましょう。

Wie geht es **deinem** Vater?

Danke, es geht **meinem** Vater gut.

 ③ 「どう思うか」尋ねましょう。

Wie findest du **mein** Auto?

Ich finde **dein** Auto sehr gut.

- *r* Chef
- *e* Chefin
- *r* Job
- *e* Wohnung
- *s* Zimmer

評価の表現

sehr gut　　gut　　so lala　　nicht so gut　　nicht gut　　schlecht

Lektion 6　名詞の格変化

ドイツの祝日と祭り

1. 固定祝日と移動祝日があります。
2. 全国共通の祝日と、州による祝日 (*) があります。
3. 祝日は、商店の多くは休業しますが、博物館や城の多くは開館しています。
4. 祝日ではないが、数日にわたって盛り上がる地域的な祭り (●) があります。

月日	ドイツ語	日本語
1月1日	Neujahr	新年
1月6日 (*)	Heilige Drei Könige	公現祭
2月の1週間 (●)	Fastnacht (Karneval, Fasching)	謝肉祭
復活祭の直前の金曜日	Karfreitag	聖金曜日
春分の次の満月の次の日曜日	Ostersonntag	復活祭
復活祭の翌日の月曜日	Ostermontag	復活祭月曜日
5月1日	Tag der Arbeit	メーデー
復活祭後40日	Christi Himmelfahrt	昇天祭
復活祭後50日	Pfingsten	聖霊降臨祭
復活祭後51日	Pfingstmontag	聖霊降臨祭月曜日
復活祭後60日 (*)	Fronleichnam	聖体祭
8月15日 (*)	Maria Himmelfahrt	聖母被昇天祭
10月第1日曜日まで16日間 (●)	Oktoberfest	十月祭
10月3日	Tag der Deutschen Einheit	ドイツ統一の日
10月31日 (*)	Reformationstag	宗教改革記念日
11月1日 (*)	Allerheiligen	万聖節
11月19日 (*)	Buß- und Bettag	贖罪の日
11月末〜	Advent	待降節
12月6日	Nikolaustag	聖ニコラウス祭
12月25日〜26日	Weihnachten	クリスマス
12月31日	Silvester	大晦日

　復活祭は、イエスキリストの復活を祝うキリスト教の大事なイベントです。「春の最初の満月後の日曜日」と設定されているので、日付は毎年変わります。春の復活祭を基準にして、40日後に昇天祭、50日後に聖霊降臨祭、60日後に聖体祭と、復活祭の関連イベントが夏前まで続きます。生命のシンボルである卵、多産のシンボルであるウサギは、復活祭にはつきもの。卵とウサギを型どったチョコレートが、この時期のヨーロッパの店頭を彩ります。

Lektion 7 前置詞
「どこへ？ だれと？」

どんな乗物が走っていますか？

ⓐ der Zug

ⓑ der Feuerwehrwagen

ⓒ der Trabant

ⓓ die Straßenbahn

ⓔ die Straßenreinigungsmaschine

ⓕ der Hochzeitswagen

- ◆ 路面電車
- ◆ トラバント
- ◆ 電車
- ◆ 結婚式カー
- ◆ 路面清掃車
- ◆ 消防車

Hören

☐ には、どの形が当てはまるかな？

in?　nach?

◇ Mohrle, wo bist du jetzt?
◆ Ich bin ☐ Mainz.
　Und du, Mia? Wo bist du denn?

◇ Ich bin noch ☐ Frankfurt.
◆ Wieso? Was machst du dort?

◇ Ich habe noch Arbeit ☐ Frankfurt. ☐ vierzig Minuten fahre ich ☐ Mainz.
◆ Alles klar. Bis dann.

◇モーレ、今どこにいるの？
◆マインツだよ。
　君は、ミーア？どこ？

◇まだフランクフルトよ。
◆なんで？そこで何しているの？

◇まだフランクフルトで働いているの。

40分でマインツに行くわ。

◆わかった。またね。

ins?　im?　in die?

◆ Mia, du bist bestimmt sehr müde. Möchtest du direkt ☐ Restaurant oder vielleicht vorher ☐ Café?

◇ Zuerst möchte ich ☐ Café etwas trinken und dann ☐ Restaurant essen.

◆ Gehen wir dann ☐ Karaokebar?
◇ Ja, gerne.

◆ミーア、君はきっととても疲れているだろう。
直接レストランに行く？それともその前に喫茶店に行く？

◇まずは喫茶店で何か飲んで、それからレストランで食べるわ。

◆そのあとカラオケに行こうか？
◇ええ、喜んで。

zum?　zur?

◆ Kommst du morgen [　　] Abschlussparty?

◇ Ja, natürlich. Morgen früh gehe ich [　　] Friseur, dann gehe ich [　　] Uni. Und du? Kommst du auch [　　] Party?

◆ Ja, aber ich komme etwas später. Ich muss zuerst [　　] Zahnarzt. Dann gehe ich [　　] Blumenladen.

◇ Du hast viel zu tun. Also, bis morgen. Tschüs.

◆ 明日卒業パーティにくる？

◇ もちろん、朝早く美容院に行って、それから、大学に行くわ。君は？君もパーティーに来るよね？

◆ うん、だけどちょっと遅くなる。まずは歯医者に行って、それから花屋へ。

◇ 忙しいね。
　 じゃあ、また明日。バイバイ。

Grammatik

1 前置詞の格支配

前置詞によって、後ろの名詞の格が決まります。これを**前置詞の格支配**と言います。
例えば、mit（〜とともに）は 3 格支配なので、後ろの名詞は____格になります。

mit
〜で
dem Bus	バスで
der Bahn	電車で
dem Taxi	タクシーで

前置詞と定冠詞が融合する場合があります。

zu
〜へ
dem Bahnhof	→ **zum** Bahnhof	駅へ
der Bank	→ **zur** Bank	銀行へ
dem Rathaus	→ **zum** Rathaus	市庁舎へ

> 3格支配の前置詞の例
> mit（〜とともに）　zu（〜へ）
> bei（〜の際に、〜のもとで）
> von（〜の）　　aus（〜から）

bei
〜の際に
dem Abschied	→ **beim** Abschied	別れ際に
der Abreise	→ **bei der** Abreise	旅立ちの際に
dem Frühstück	→ **beim** Frühstück	朝食の際に

2 3・4格支配の前置詞

意味によって、格支配が異なる前置詞があります。

Ich wohne **in der** Stadt.　　私は町に住んでいる。
Ich gehe **in die** Stadt.　　私は町へ行く。

Die Katze sitzt **am** Fenster.　　猫は窓際に座っている。
Die Katze geht **ans** Fenster.　　猫は窓際へ行く。

動詞に方向性が（ある・ない）場合は、後ろの名詞は____格に、
動詞に方向性が（ある・ない）場合は、後ろの名詞は____格にします。

> 3・4格支配の前置詞の例
> in（〜の中）　　an（〜の際）
> auf（〜の上）　　vor（〜の前）

Sprechen

 1 イラストを見て、「どこへ行くか」答えましょう。

> Wohin gehst du?

> Ich gehe **in die** Mensa.

der Dom　　das Restaurant　　die Kirche　　der Park　　das Museum

 2 名詞の格を変化させて、「だれと行くか」答えましょう。

> Gehst du allein in die Mensa?

> Nein, ich gehe mit **meinem Freund**.

mit _____.　　（meine Freundin）
mit _____.　　（mein Bruder）
mit _____.　　（meine Schwester）
mit meinen Freunden.　　（meine Freunde）

 3 大学までの交通手段を答えましょう。

> Kommst du **mit dem** Bus zur Uni?

> Nein, ich komme **mit dem** Moped.

der Bus　　das Fahrrad　　das Auto　　die U-Bahn　　zu Fuß

手段や場所を表す前置詞

誰と・どういう移動手段で

mit meinem Freund	私の男友達と
mit meiner Freundin	私の女友達と
mit meinen Freunden	私の友人たちと
mit dem Auto	車で
mit dem Taxi	タクシーで
mit dem Fahrrad	自転車で
mit dem Motorrad	バイクで
mit dem Moped	原付で
mit dem Bus	バスで
mit dem Zug	列車で
mit dem ICE	ICEで
mit der U-Bahn	地下鉄で
mit der S-Bahn	Sバーンで
mit der Straßenbahn	路面電車で
zu Fuß	徒歩で

どこへ

in den Park	公園へ
in den Wald	森へ
in die Stadt	町へ
in die Schule	学校へ
in die Bibliothek	図書館へ
in die Berge	山へ
auf den Markt	市場へ
auf die Post	郵便局へ
aufs Fest	祭りへ
aufs Land	田舎へ
an den See	湖畔へ
an die See	海辺へ（外海）
ans Meer	海辺へ（内海）
nach Deutschland	ドイツへ
nach Hause	家へ

どこで

im Hotel	ホテルで
im Wohnheim	寮で
im Wohnzimmer	リビングで
im Schlafzimmer	寝室で
im Arbeitszimmer	書斎で
im Badezimmer	バスルームで
in der Toilette	トイレで
in der Küche	キッチンで
auf dem Balkon	ベランダで
im Supermarkt	スーパーで
in der Schule	学校で
an der Uni	大学で
auf dem Bahnhof	駅で
zu Hause	家で

どんな店へ

in den Supermarkt	スーパーへ
in den Club	クラブへ
in die Bäckerei	パン屋へ
in die Apotheke	薬局へ
in die Drogerie	ドラッグストアへ
in die Buchhandlung	書店へ
in die Gaststätte	ドイツ料理店へ
in die Kneipe	居酒屋へ
in die Videothek	レンタルビデオ店へ
ins Weinlokal	ワイン酒場へ
ins Café	喫茶店へ
ins Restaurant	レストランへ
ins Kaufhaus	デパートへ
zum Kiosk	キオスクへ

Lektion 8 不規則動詞
「よく行きますか？」

どんな場所なのでしょうか？

ⓐ das Kaufhaus

ⓑ der Biergarten

ⓒ der Flohmarkt

ⓓ der Supermarkt

ⓔ der Glascontainer

ⓕ die Universität

- ◆ 大学
- ◆ スーパー
- ◆ 蚤の市
- ◆ デパート
- ◆ ガラスコンテナ
- ◆ ビアガーデン

Hören

　　　　　には、どの形が当てはまるかな？

fahren?　fahre?　fährst?

◆ Wohin _____ du im Winter?　　　　　　◆冬にどこへ行くの？
◇ Im Winter _____ ich nach Schweden.　　◇私はスウェーデンへ。
　 Meine Eltern _____ nach Spanien.　　　　両親はスペインへ。
　 Mein Bruder fährt nach Japan.　　　　　　弟は日本へ。
　 Wir _____ alle ins Ausland.　　　　　　　私たちはみな外国へ行くの。
　 Und du? Wohin _____ du denn?　　　　　君は？どこへ行くの？
◆ Ich _____ zu meinen Großeltern in　　　◆ぼくは祖父母のいる黒い森へ。
　 den Schwarzwald.
◇ Das ist schön. Viele Grüße an deine　　　◇それはいいわね。おじいさん
　 Großeltern.　　　　　　　　　　　　　　　たちによろしくね。

essen?　esse?　isst?

◆ Was _____ wir heute zu Mittag?　　　　◆今日のお昼に何を食べよう
　 Da drüben ist ein Imbiss.　　　　　　　　か？そこに屋台があるよ。
◇ Ich _____ aber nicht gern Fleisch.　　　◇でも私、お肉嫌い。
◆ _____ du nur Gemüse?　　　　　　　　◆野菜しか食べないの？
◇ Nein, ich _____ auch sehr gern Fisch.　◇いや、魚も大好きよ。
◆ _____ du gern japanisch?　　　　　　　◆日本食は好き？
　 Ich kenne ein Sushi-Restaurant hier in　　この近くに寿司レストランを
　 der Nähe.　　　　　　　　　　　　　　　　知ってるよ。
◇ Das ist eine gute Idee. Dann gehen wir mal!　◇いいわね。じゃ、行きましょ
　　　　　　　　　　　　　　　　　　　　　　　うか！

lesen?　lese?　liest?

◆ Der Flug dauert zwölf Stunden.
Was kann ich im Flugzeug machen?
◇ Ich _____ immer Zeitungen.
Romane _____ ich auch gern.
_____ du nicht gern Bücher?
◆ Doch, ich _____ sehr gern Comics!
◇ Meine Kinder _____ auch gern Comics. Comics _____ sie auf dem Tablet. Das ist ganz praktisch.

◆ フライトは12時間かかります。
　機内で何ができるかな？
◇ 私はいつも新聞を読むけどね。
　小説も好きよ。
　本は好きじゃないの？
◆ 好きだよ、漫画も大好き！
◇ 私の子どもたちも漫画好きなのよ。彼らはタブレットで読んでいるわ。とても便利よ。

Grammatik

1 不規則動詞

語尾が変化するだけでなく、語幹も変音する動詞があります。

	fahren 行く	essen 食べる	lesen 読む
ich (私は)	___	___	___
du (君は) / Sie (あなたは)	fahren	essen	lesen
er (彼は) / sie (彼女は) / es (それは)	fährt	isst	liest
wir (私たちは) / ihr (君たちは) / sie (彼らは)	___ / fahrt / fahren	___ / esst / essen	lesen / lest / ___

2 親しい人に対する命令形

敬語で話す相手にお願いするときの命令形は、**語幹＋en Sie** を使い、親しい友人にお願いするときの命令形は、_____ だけを使います。
幹母音が e の動詞は、命令形のときも変音します。

Kommen Sie her!   こちらへ来てください。
Komm her!   こっちへ来て。

Fahren Sie langsam!   ゆっくり走ってください。
Fahr langsam!   ゆっくり走って。

Essen Sie nicht so viel!   そんなにたくさん食べないでください。
Iss nicht so viel!   そんなにたくさん食べないで。

Lesen Sie Bücher!   本を読んでください。
Lies Bücher!   本を読んで。

bitte を入れると、より丁寧なお願いになります。

Lies bitte Bücher!
Bitte lies Bücher!
Lies Bücher **bitte**!

Sprechen

1 答えましょう。問いましょう。

1. Fährst du oft Auto?   Ja,_____
2. _____?   Ja, mein Freund fährt auch oft Auto.
3. Schläfst du immer gut?   Ja,_____
4. _____?   Nein, er schläft nicht so gut.
5. Isst du gern Schnitzel?   Nein, _____
6. _____?   Ich esse gern Salat.
7. Sprichst du gut Englisch?   Ja,_____
8. _____?   Nein, meine Freundin spricht auch gut Englisch.
9. Liest du gern Krimis?   Ja,_____
10. _____?   Ich lese gern Zeitschriften.
11. Siehst du gern Krimis?   Ja,_____
12. _____?   Meine Mutter sieht gern Krimiserien.

2 周りの人に「それとって」とお願いしましょう。

Geben Sie mir bitte das Brot!
Gib mir bitte das Brot!

- s Brot
- s Salz
- s Messer
- e Gabel
- r Löffel
- r Käse
- r Schinken
- r Saft
- r Joghurt
- r Kaffee

Lektion 8   不規則動詞

ヨーロッパの国・人・言語

	国名	国民	言語
①	Deutschland	Deutscher / Deutsche	Deutsch
②	Österreich	Österreicher / Österreicherin	Deutsch
③	Schweiz	Schweizer / Schweizerin	Deutsch, Französisch, Italienisch
④	Luxemburg	Luxemburger / Luxemburgerin	Französisch, Deutsch
⑤	Belgien	Belgier / Belgierin	Französisch, Niederländisch, Deutsch
⑥	Niederlande	Niederländer / Niederländerin	Niederländisch
⑦	Frankreich	Franzose / Französin	Französisch
⑧	Dänemark	Däne / Dänin	Dänisch
⑨	Polen	Pole / Polin	Polnisch
⑩	Tschechien	Tscheche / Tschechin	Tschechisch
⑪	Italien	Italiener / Italienerin	Italienisch
⑫	Spanien	Spanier / Spanierin	Spanisch
⑬	England	Engländer / Engländerin	Englisch

Lektion 9 代名詞
「お気に召しましたか？」

どんな名物料理なのでしょうか？

ⓐ die Leberknödelsuppe

ⓑ die Bratwurst

ⓒ die Currywurst

ⓓ die Rösti

ⓔ die Schweinshaxe

ⓕ das Wiener Schnitzel

- 仔牛のカツレツ
- 豚の脚のロースト
- 焼きソーセージ
- ポテトパンケーキ
- カレーソーセージ
- レバー団子スープ

Hören

☐ には、どの形が当てはまるかな？

🎧 77　　　　mir?　mich?

◇ Mohrle, wie geht's?
◆ Danke, es geht ☐ gut.
◇ Am Wochenende gibt es eine Geburtstagsparty.
　Kannst du ☐ helfen?
◆ Na klar. Was kann ich tun?
◇ Wir müssen Getränke und Snacks einkaufen.
　Kannst du mit ☐ zum Supermarkt fahren?
◆ Gerne. Aber wer ist das Geburtstagskind?
◇ Ich.

◇ モーレ、元気？
◆ ありがとう、元気だよ。
◇ 週末に誕生パーティを開くのよ。
　手伝ってくれる？
◆ もちろんだよ。ぼくに何かできるかな？
◇ 飲物とスナックを買わなくちゃいけないの。
　一緒にスーパーに行ってくれる？
◆ 喜んで。だけど、誰の誕生日なの？
◇ 私よ。

🎧 78　　　　Ihnen?　Sie?

◆ Darf ich ☐ etwas fragen?
　Wie komme ich zum Kaufhaus?
◇ Ich zeige ☐ den Weg.
◆ Danke. Das ist sehr nett von ☐ .
◇ Was kann ich für ☐ tun?
◆ Ich suche ein Kleid für meine Freundin.
◇ Dann empfehle ich ☐ das Kleid hier. Das ist jetzt in.

◆ お尋ねしてもよろしいでしょうか？
　デパートへはどうやって行くのでしょうか？
◇ 道をお教えしましょう。
◆ ありがとう。ご親切に。
◇ 何にいたしましょうか？
◆ ガールフレンドにあげる服を探しています。
◇ それではこの服をお勧めします。これなら今、流行りですよ。

dir?　dich?

◆ Mia, herzlichen Glückwunsch zum Geburtstag!
　Das ist ein Geschenk für ⬜ .
◇ Danke. Kann ich das aufmachen?
◆ Ja, natürlich. Ich hoffe, es gefällt ⬜ .
◇ Oh, ein Kleid. Das ist schick.
　Kann ich es mal anprobieren?
◆ Ja, bitte.
◇ Das passt mir super.
◆ Das steht ⬜ wirklich sehr gut.
◇ Findest du?

◆ミーア、お誕生日おめでとう。
　これが君へのプレゼントだよ。
◇ありがとう。開けていい？
◆もちろん、気に入ってくれるといいんだけど。
◇あら、お洋服！なんてすてき。着てみていい？
◆どうぞ。
◇すごくぴったりだわ。
◆本当にとても似合っているよ。
◇そう思う？

Grammatik

1 人称代名詞

名詞が格変化するように、**人称代名詞**も格変化します。
人称代名詞は人だけではなく、事物を指すこともあります。

	単数				複数			単・複
	1人称	2人称	3人称		1人称	2人称	3人称	敬称
1格（〜が・は）	ich	du	er sie es		wir	ihr	sie	Sie
3格（〜に）	___	___	ihm ihr ihm		uns	euch	ihnen	___
4格（〜を）	___	___	ihn sie es		uns	euch	sie	___

3格

Du hast heute Geburtstag.　　　　君は今日、誕生日だ。
Ich schenke **dir** einen Schal.　　　君にマフラーをあげよう。
Der Mann hat heute Geburtstag.　　その男性は今日、誕生日だ。
Ich schenke **ihm** eine Krawatte.　　彼にネクタイをあげよう。
Die Frau hat heute Geburtstag.　　その女性は今日、誕生日だ。
Ich schenke **ihr** ein Kissen.　　　彼女にクッションをあげよう。

4格

Kaufst du **den Schal**?　　　　　　君はこのマフラーを買うの？
　Ja, ich kaufe **ihn**.　　　　　　うん、買うよ。
Kaufst du **die Krawatte**?　　　　　君はこのネクタイ買うの？
　Ja, ich kaufe **sie**.　　　　　　うん、買うよ。
Kaufst du **das Kissen**?　　　　　　君はこのクッションを買うの？
　Nein, ich kaufe **es** nicht.　　　いや、買わないよ。

2 疑問代名詞

疑問代名詞も格変化します。

Wer kauft den Schal?　　　　　　　誰がそのマフラーを買うの？
Wem kaufst du den Schal?　　　　　誰に君はそのマフラーを買うの？
Mit **wem** gehst du einkaufen?　　　誰と君は買物に行くの？
Wen möchtest du zur Party einladen?　誰を君はパーティに招待したいの？
Für **wen** ist das Geschenk?　　　　誰のためのプレゼントなの？

Sprechen

 1 誕生日のプレゼントを考えましょう。

Was schenkst du **Monika** zum Geburtstag? 　Ich schenke **ihr** eine Tasse.

　　　Wolfgang
　　　deiner Freundin
　　　deinem Freund
　　　Frau Müller

　r Pullover　　　e Bluse　　　s T-Shirt　　　r Rock　　　e Hose

 2 ①のイラストを見て、感想を言いましょう。

Wie gefällt **dir** der Mantel?　　Er gefällt **mir** sehr gut. Ich nehme **ihn**.

 3 質問に nein で答えましょう。

Gehst du **mit Klaus** einkaufen?

Nein, ich gehe nicht **mit ihm** einkaufen. Ich gehe allein.

mit Julia　　　　　　　　　　　mit Fritz

　　　　　　　　　　mit Angela und Felix

mit mir　　　　　　　　　　　mit Herrn Braun

Was nehmen Sie? ／ Schmeckt es Ihnen?

写真のケーキはどんなケーキでしょう。注文してみましょう。

mit Sahne（クリーム添え）

ohne Sahne（クリームなし）

ドイツでは、家庭でも喫茶店でも、午後のコーヒーといっしょによくケーキを食べます。Kuchen は重いバターケーキ生地を、Torte は軽いスポンジ生地にジャムやクリームを挟んだものを指します。Kuchen にはクリームを添えて mit Sahne で食べることが多いようです。

Kuchenkarte

r Apfelkuchen リンゴケーキ	2,60€
r Apfelstreuselkuchen リンゴのシュトロイゼルケーキ	2,80€
r Apfelstrudel ホットリンゴパイ	3,00€
r Käsekuchen チーズケーキ	2,60€
r Mohnkuchen ケシの実のケーキ	2,60€
r Marmorkuchen マーブルケーキ	2,60€
e Obsttorte フルーツケーキ	3,00€
e Sachertorte チョコレートケーキ	2,60€
e Schwarzwälder Kirschtorte 黒い森風チェリーケーキ	2,80€

Lektion 10 現在完了と過去

「もう行きましたか？」

ベルリン、ミュンヘン、ウィーンには、どんな観光名所がありますか？

ⓐ die Museumsinsel

ⓑ das Brandenburger Tor

ⓒ das Schloss Nymphenburg

ⓓ das Neue Rathaus

ⓔ der Prater

ⓕ das Schloss Schönbrunn

- 新市庁舎
- 博物館島
- シェーンブルン宮殿
- ニンフェンブルク城
- ブランデンブルク門
- プラーター

Hören

☐ には、どの形が当てはまるかな？

🎧 83

gemacht? gejobbt? gesehen?

◇ Was hast du in den Ferien ☐ ?
◆ Ich habe eine Reise nach Berlin ☐ .
◇ Toll! Was hast du ☐ ?
◆ Da habe ich das Brandenburger Tor und die Museen ☐ . Sie liegen auf einer Insel, deshalb nennt man die Insel „Museumsinsel".
　Und du? Was hast du ☐ ?
◇ Ich habe fast jeden Tag ☐ .

◇休みに何をしていたの？
◆ベルリンへ旅行していたんだよ。

◇すばらしい。何を見たの？
◆ベルリンでブランデンブルク門と博物館を見たんだよ。それらは島にあるから、博物館島と呼ばれているんだ。
君は？何をしていたの？

◇私はほとんど毎日バイトしていたわ。

🎧 84

gefahren? gegangen? gekommen?

◇ Was hast du am Wochenende gemacht?
◆ Ich bin an die Ostsee ☐ .
◇ Bist du mit dem Auto ☐ ?
◆ Nein, mit dem Zug.
　Denn man kann im Zug schlafen.
　Und du? Was hast du gemacht?
◇ Freitagnachmittag ist mein Freund aus Japan ☐ und wir sind zusammen ins Konzert ☐ .

◇週末に何をしていたの？
◆バルト海へ行ってたんだよ。
◇車で行ったの？
◆いや、電車で。
そしたら眠れるからね。
君は？君は何をしていたの？
◇金曜日の夕方に、日本から友人が来て、一緒にコンサートに行っていたのよ。

war? warst? waren?

◆ Mia, wie _____ die Reise?

◇ Wunderbar! Die Städte _____ romantisch und die Leute _____ sehr nett.

◆ Wo _____ du?

◇ Ich _____ in Berlin, Köln, München, Füssen und...

◆ Füssen? Wo liegt das denn?

◇ In Bayern, ganz im Süden. Die Landschaft _____ traumhaft schön.

◆ミーア、旅行はどうだった？

◇すばらしかったわ。町はロマンチックだったし、人々はとても親切だったわ。

◆どこへ行ったの？

◇ベルリン、ケルン、ミュンヘン、フュッセン、それに…。

◆フュッセン？それってどこにあるの？

◇バイエルン州の中でもずっと南よ。風景は夢のように美しかったわ。

Grammatik

1 現在完了形

日常会話で過去の出来事を述べるときは、**現在完了形**が用いられます。
現在完了形は、**haben** または_____（人称変化形）＋**過去分詞**（文末）で作ります。

Ich **habe** den Film **gesehen**.　　私は映画を見ました。
Ich **bin** ins Kino **gegangen**.　　私は映画館へ行きました。

haben と **sein** の使い分け
- haben ：ほとんどの動詞　　sehen, machen, kaufen, jobben など
- sein 　：場所の移動を表す動詞　gehen, kommen, fahren など

2 過去分詞の作り方

規則動詞と不規則動詞があります。いずれも ge- がつきます。
語頭にアクセントがない動詞には、ge- がつきません。

規則動詞：	**ge**-語幹-**t**	不規則動詞：	**ge**-____-**en**
mach-en （する）	**ge**-mach-**t**	seh-en （見る）	**ge**-seh-**en**
jobb-en （バイトする）	**ge**-jobb-**t**	geh-en （行く）	**ge**-gang-**en**
studíer-en （研究する）	studier-**t**	ver-stéh-en （理解する）	ver-stand-**en**
besúch-en （訪問する）	besuch-**t**	ge-fáll-en （気に入る）	**ge**-fall-**en**

3 過去形

sein, haben は現在完了形よりも、**過去形**を用いるのが一般的です。
過去形も動詞の語尾が変化します。_____人称単数と_____人称単数の変化形が同じです。

war (< sein)

	単数		複数	
1人称	ich	____	wir	waren
2人称	du / Sie	____ / waren	ihr / Sie	wart / waren
3人称	er/sie/es	____	sie	____

hatte (< haben)

	単数		複数	
1人称	ich	hatte	wir	hatten
2人称	du / Sie	hattest / hatten	ihr / Sie	hattet / hatten
3人称	er/sie/es	hatte	sie	hatten

Warst du schon mal in Deutschland?　かつてドイツに行ったことがありますか？
　Ja, ich **war** einmal in Deutschland.　ええ、一度ドイツに行ったことがあります。
　Ich **hatte** Spaß.　面白かったわ。

Sprechen

 1 「どんな名所を訪れたのか」答えましょう。

Wohin bist du gefahren?

Ich bin nach München gefahren.
Dort habe ich das Schloss Nymphenburg besucht.

Wien / das Schloss Schönbrunn
Wien / der Prater
München / das Rathaus
München / die Frauenkirche
Köln / der Dom

 2 「何を飲食したのか」答えましょう。

Was hast du da gegessen?

Ich habe Schweinshaxe gegessen und Weizenbier getrunken.

Currywurst / Berliner Weiße
Bratwurst / Frankenwein
Leberknödelsuppe / Radler
Schnitzel / Pilsner
Sachertorte / Eiskaffee

 3 46ページを見て、「その国に行ったことがあるか」尋ねましょう。

Warst du schon mal in Deutschland?

Nein, ich war noch nie da.

Ja, ich war schon zweimal da.

Lektion 10　現在完了と過去　57

時を表す表現

近いうちに

____ habe ich Besuch.	来客がある。
heute	今日
morgen	明日
übermorgen	明後日
nächste Woche	来週
____ hatte ich Besuch.	来客があった。
gestern	昨日
vorgestern	一昨日
letzte Woche	先週
____ habe ich einen Termin.	約束がある。
am Vormittag	午前に
am Nachmittag	午後に
am Abend	夕方に
in der Nacht	夜に
heute Vormittag	今日の午前に
morgen früh	明日の朝に

どの月に

____ fahre ich nach Bonn.	ボンに行く。
im Januar	1月に
im Februar	2月に
im März	3月に
im April	4月に
im Mai	5月に
im Juni	6月に
im Juli	7月に
im August	8月に
im September	9月に
im Oktober	10月に
im November	11月に
im Dezember	12月に
Anfang Dezember	12月初旬に
Mitte Dezember	12月中旬に
Ende Dezember	12月末に

どの曜日に・どの季節に

____ habe ich frei.	私は休みだ。
am Montag	月曜日に
am Dienstag	火曜日に
am Mittwoch	水曜日に
am Donnerstag	木曜日に
am Freitag	金曜日に
am Samstag	土曜日に
am Sonntag	日曜日に
am Wochenende	週末に
____ fahre ich in die Berge.	山へ行く。
im Frühling	春に
im Sommer	夏に
im Herbst	秋に
im Winter	冬に

どれくらいの頻度で

Ich lerne ____ Deutsch.	ドイツ語を勉強する。
jeden Morgen	毎朝
jeden Tag	毎日
jeden Abend	毎晩
jede Woche	毎週
immer	いつも
oft	しばしば
manchmal	ときどき
selten	めったにない
kaum	ほとんどない
nie	決してない
einmal pro Woche	週1回
alle drei Tage	3日おきに

文法補足

1 ドイツ語特有の動詞

1-1. 分離動詞・非分離動詞（英語の *come back, come in* などに相当）

動詞に前綴りが付いて、意味が変わる動詞があります。
前綴りにアクセントがある場合（分離動詞）は、前綴りを離して、文末に置きます。

kommen	来る	Er kommt spät.	彼は遅れて来る。
heréin|kommen	入ってくる（分離動詞）	Er kommt spät **heréin**.	彼は遅れて入ってくる。
zurück|kommen	帰る（分離動詞）	Er kommt spät **zurück**.	彼は遅くに帰宅する。
bekómmen	もらう（非分離動詞）	Er **be**kómmt eine CD.	彼は CD をもらう。

分離動詞の過去分詞は、前綴りの後ろに、元の動詞の過去分詞を置いて作ります。

gekommen	Er ist spät gekommen.	彼は遅れて来た
heréingekommen	Er ist spät **heréin**gekommen.	彼は遅れて入ってきた。
zurückgekommen	Er ist spät **zurück**gekommen.	彼は遅くに帰宅した。

前綴りにアクセントがない場合（非分離動詞）は、過去分詞から ge- を取ります。

be~~ge~~kómmen	Er hat eine CD **be**kómmen.	彼は CD をもらった。

1-2. 再帰動詞（英語の *enjoy oneself* などに相当）

文の主語と同じ人・物を指す代名詞（再帰代名詞）を伴って用いられる動詞があります。
再帰代名詞には 3 格と 4 格があります。

waschen	Ich wasche meinen Wagen.	私は車を洗う。
sich[4] waschen	Ich wasche **mich**.	私は体を洗う。
sich[3] die Hände waschen	Ich wasche **mir** die Hände.	私は手を洗う。
	Wasch **dir** die Hände!	手を洗いなさい。

		単数			複数			
		1人称	2人称	3人称		1人称	2人称	3人称	敬称2人称
主語		ich	du	er sie es		wir	ihr	sie	Sie
再帰代名詞	3格	mir	dir	sich		uns	euch	sich	sich
	4格	mich	dich	sich		uns	euch	sich	sich

1-3. es gibt 構文（英語の *there is...*, *there are...* に相当）
es gibt + 4格で、「〜がある」、「〜がいる」を表します。

Es gibt noch ein Zimmer.	まだ一部屋あります。
Gibt es noch Fragen?	まだ質問はありますか？

es gibt 構文のほかにも、いろいろな存在表現があります。

Hier **ist** der Schlüssel für das Zimmer.	こちらがルームキーでございます。
In der Schublade **liegen** Essstäbchen.	引き出しのなかにお箸があります。
An der Wand **sitzt** eine Fliege.	壁にハエがとまっています。
Haben Sie Erdbeeren?	いちごはありますか？
Haben Sie ein Zimmer frei?	空き部屋はありますか？

2　ドイツ語特有の語順

2-1. zu 不定詞（英語の *to* 不定詞に相当）
zu 不定詞は、不定詞句の最後に置きます。

Hast du Lust, mit mir Tennis **zu spielen**?	私とテニスをする気はある？
Hast du Zeit, mit mir ins Kino **zu gehen**?	私と映画を見に行く時間はある？
Ich habe viel **zu tun**.	私はやることがたくさんある。
Hast du etwas **zu trinken**?	何か飲み物はありますか。

助動詞構文で、不定詞を文末に置くのと似ています。

Spielst du mit mir Tennis?	私とテニスをする？
→ Willst du mit mir Tennis **spielen**?	私とテニスをするつもりはある？

2-2. 副文（英語の *because* 節, *when* 節などに相当）
ドイツ語にもさまざまな従属接続詞があります。従属接続詞を用いることで、主文に副文を接続することができます。副文の中では定動詞が文末に置かれます。

Er ist nicht gekommen, **weil er Fieber hatte**.	彼は熱があったので、来なかった。
Er kommt nicht, **wenn du nicht kommst**.	君が来ないと、彼は来ない。

副文

3 格変化表

3-1. 不定冠詞類の格変化

不定冠詞に準じた格語尾変化をします。

mein-（私の）　dein-（君の）　sein-（彼の／それの）　ihr-（彼女の）
unser-（私たちの）　euer-（君たちの）　ihr-（彼らの／彼女らの／それらの）
Ihr-（あなたの／あなたたちの）　kein（ひとつも〜ない）

不定冠詞類

	男性	女性	中性	複数
1格	mein	meine	mein	meine
2格	meines	meiner	meines	meiner
3格	meinem	meiner	meinem	meinen
4格	meinen	meine	mein	meine

形容詞の混合変化（形容詞が添えられる場合の語尾変化）

	男性	女性	中性	複数
1格	-er	-e	-es	-en
2格	-en	-en	-en	-en
3格	-en	-en	-en	-en
4格	-en	-e	-es	-en

不定冠詞類＋形容詞＋名詞（男性1格）

Mein kleiner Sohn trinkt gern Kaffee.　私の幼い息子はコーヒーが好きです。

3-2. 定冠詞類の格変化

定冠詞に準じた格語尾変化をします。

dies-（この）　jen-（あの）　solch-（そのような）　welch-（どの）
all-（すべての）　jed-（各々の［単数のみ］）　manch-（かなり多くの）

定冠詞類

	男性	女性	中性	複数
1格	dieser	diese	dieses	diese
2格	dieses	dieser	dieses	dieser
3格	diesem	dieser	diesem	diesen
4格	diesen	diese	dieses	diese

形容詞の弱変化（形容詞が添えられる場合の語尾変化）

	男性	女性	中性	複数
1格	-e	-e	-e	-en
2格	-en	-en	-en	-en
3格	-en	-en	-en	-en
4格	-en	-e	-e	-en

定冠詞類＋形容詞＋名詞（男性1格）

Dieser kleine Sohn trinkt gern Kaffee.　この幼い息子はコーヒーが好きです。

3-3. 無冠詞

形容詞＋名詞（男性1格）

Das ist schwarzer Kaffee.　これはブラックコーヒーです。

形容詞の名詞化（男性1格）

Er ist Deutscher.　彼はドイツ人です。

形容詞の強変化
（無冠詞の名詞に形容詞が添えられる場合の語尾変化）

	男性	女性	中性	複数
1格	-er	-e	-es	-e
2格	-en	-er	-en	-er
3格	-em	-er	-em	-en
4格	-en	-e	-es	-e

■ 主要不規則動詞変化一覧表 ■

不定詞	直説法 現在	直説法 過去	接続法 第2式	過去分詞
beginnen はじめる		**begann**	begänne (begönne)	**begonnen**
bieten 提供する		**bot**	böte	**geboten**
binden 結ぶ		**band**	bände	**gebunden**
bitten たのむ		**bat**	bäte	**gebeten**
bleiben とどまる		**blieb**	bliebe	**geblieben**
brechen やぶる	*du* brichst *er* bricht	**brach**	bräche	**gebrochen**
bringen 運ぶ		**brachte**	brächte	**gebracht**
denken 考える		**dachte**	dächte	**gedacht**
dürfen …してもよい	*ich* darf *du* darfst *er* darf	**durfte**	dürfte	**dürfen** 〈gedurft〉
empfehlen 勧める	*du* empfiehlst *er* empfiehlt	**empfahl**	empföhle (empfähle)	**empfohlen**
entscheiden 決定する		**entschied**	entschiede	**entschieden**
essen たべる	*du* isst *er* isst	**aß**	äße	**gegessen**
fahren 乗り物で行く	*du* fährst *er* fährt	**fuhr**	führe	**gefahren**
fallen 落ちる	*du* fällst *er* fällt	**fiel**	fiele	**gefallen**
fangen 捕える	*du* fängst *er* fängt	**fing**	finge	**gefangen**
finden 見つける		**fand**	fände	**gefunden**
fliegen 飛ぶ		**flog**	flöge	**geflogen**
geben 与える	*du* gibst *er* gibt	**gab**	gäbe	**gegeben**
gehen 行く		**ging**	ginge	**gegangen**
gelingen うまくいく	*es* gelingt	**gelang**	gelänge	**gelungen**

不定詞	直説法現在	直説法過去	接続法第2式	過去分詞
geschehen 起こる	*es* geschieht	**geschah**	geschähe	**geschehen**
gewinnen 勝つ		**gewann**	gewänne (gewönne)	**gewonnen**
greifen つかむ		**griff**	griffe	**gegriffen**
haben もっている	*du* hast *er* hat	**hatte**	hätte	**gehabt**
halten つかんでいる	*du* hältst *er* hält	**hielt**	hielte	**gehalten**
hängen 掛かっている		**hing**	hinge	**gehangen**
heben 持ち上げる		**hob**	höbe (hübe)	**gehoben**
heißen (…という)名である	*du* heißt *er* heißt	**hieß**	hieße	**geheißen**
helfen 助ける	*du* hilfst *er* hilft	**half**	hülfe (hälfe)	**geholfen**
kennen 知る		**kannte**	kennte	**gekannt**
kommen 来る		**kam**	käme	**gekommen**
können …できる	*ich* kann *du* kannst *er* kann	**konnte**	könnte	**können** ⟨**gekonnt**⟩
laden 積む	*du* lädst (ladest) *er* lädt (ladet)	**lud**	lüde	**geladen**
lassen させる	*du* lässt *er* lässt	**ließ**	ließe	**gelassen** ⟨**lassen**⟩
laufen 走る	*du* läufst *er* läuft	**lief**	liefe	**gelaufen**
lesen 読む	*du* liest *er* liest	**las**	läse	**gelesen**
liegen 横たわっている		**lag**	läge	**gelegen**
lügen うそをつく		**log**	löge	**gelogen**
mögen …かもしれない	*ich* mag *du* magst *er* mag	**mochte**	möchte	**mögen** ⟨**gemocht**⟩
müssen …しなければならない	*ich* muss *du* musst *er* muss	**musste**	müsste	**müssen** ⟨**gemusst**⟩

不定詞	直説法 現在	直説法 過去	接続法 第2式	過去分詞
nehmen 取る	*du* nimmst *er* nimmt	**nahm**	nähme	**genommen**
nennen 名づける		**nannte**	nennte	**genannt**
raten 助言する	*du* rätst *er* rät	**riet**	riete	**geraten**
rufen 呼ぶ		**rief**	riefe	**gerufen**
scheinen 輝く		**schien**	schiene	**geschienen**
schlafen 眠る	*du* schläfst *er* schläft	**schlief**	schliefe	**geschlafen**
schlagen 打つ	*du* schlägst *er* schlägt	**schlug**	schlüge	**geschlagen**
schließen 閉じる	*du* schließt *er* schließt	**schloss**	schlösse	**geschlossen**
schneiden 切る		**schnitt**	schnitte	**geschnitten**
schreiben 書く		**schrieb**	schriebe	**geschrieben**
schreien 叫ぶ		**schrie**	schriee	**geschrien**
schweigen 黙っている		**schwieg**	schwiege	**geschwiegen**
schwimmen 泳ぐ		**schwamm**	schwömme (schwämme)	**geschwommen**
sehen 見る	*du* siehst *er* sieht	**sah**	sähe	**gesehen**
sein ある	*ich* bin *du* bist *er* ist *wir* sind *ihr* seid *sie* sind	**war**	wäre	**gewesen**
singen 歌う		**sang**	sänge	**gesungen**
sitzen すわっている	*du* sitzt *er* sitzt	**saß**	säße	**gesessen**
sollen …すべきである	*ich* soll *du* sollst *er* soll	**sollte**	sollte	**sollen** 〈gesollt〉
sprechen 話す	*du* sprichst *er* spricht	**sprach**	spräche	**gesprochen**

不定詞	直説法 現在	直説法 過去	接続法 第2式	過去分詞
springen 跳ぶ		**sprang**	spränge	**gesprungen**
stehen 立っている		**stand**	stünde (stände)	**gestanden**
stehlen 盗む	*du* stiehlst *er* stiehlt	**stahl**	stähle	**gestohlen**
steigen のぼる		**stieg**	stiege	**gestiegen**
sterben 死ぬ	*du* stirbst *er* stirbt	**starb**	stürbe	**gestorben**
streiten 争う		**stritt**	stritte	**gestritten**
tragen 運ぶ	*du* trägst *er* trägt	**trug**	trüge	**getragen**
treffen 会う	*du* triffst *er* trifft	**traf**	träfe	**getroffen**
treten 歩む	*du* trittst *er* tritt	**trat**	träte	**getreten**
trinken 飲む		**trank**	tränke	**getrunken**
tun する		**tat**	täte	**getan**
vergessen 忘れる	*du* vergisst *er* vergisst	**vergaß**	vergäße	**vergessen**
verlieren 失う		**verlor**	verlöre	**verloren**
wachsen 成長する	*du* wächst *er* wächst	**wuchs**	wüchse	**gewachsen**
waschen 洗う	*du* wäschst *er* wäscht	**wusch**	wüsche	**gewaschen**
werden なる	*du* wirst *er* wird	**wurde**	würde	**geworden** 〈**worden**〉
werfen 投げる	*du* wirfst *er* wirft	**warf**	würfe	**geworfen**
wissen 知っている	*ich* weiß *du* weißt *er* weiß	**wusste**	wüsste	**gewusst**
wollen …するつもりだ	*ich* will *du* willst *er* will	**wollte**	wollte	**wollen** 〈**gewollt**〉
ziehen 引く		**zog**	zöge	**gezogen**

著者

羽根田 知子（はねだ ちこ）

熊谷 知実（くまがい ともみ）

CD付き
ネコと学ぶドイツ語

2015年2月20日　第1版発行
2019年4月10日　第3版発行

著　者　羽根田 知子　熊谷 知実
発行者　前田 俊秀
発行所　株式会社 三修社
　　　　〒150-0001 東京都渋谷区神宮前2-2-22
　　　　TEL 03-3405-4511　FAX 03-3405-4522
　　　　振替 00190-9-72758
　　　　http://www.sanshusha.co.jp
　　　　編集担当　永尾 真理
印刷所　広研印刷株式会社

©2015 Printed in Japan
ISBN978-4-384-12284-8 C1084

表紙デザイン　株式会社クリエイティブセンター広研
イラスト　　　浅井 恭子
　　　　　　　佐野 祐子

JCOPY〈出版者著作権管理機構 委託出版物〉
本書の無断複製は著作権法上での例外を除き禁じられています。複製される場合は、そのつど事前に、出版者著作権管理機構（電話03-5244-5088 FAX 03-5244-5089 e-mail: info@jcopy.or.jp）の許諾を得てください。